TANJA DUSY

TÜRKISCH

FOTOGRAFIE: JULIA HOERSCH, COCO LANG

INHALT

Öffnen Sie die Klappen dieses Buches.
Dort finden Sie die wichtigsten Infos zum Thema auf einen Blick!

DAS PRINZIP:
TÜRKISCH KOCHEN

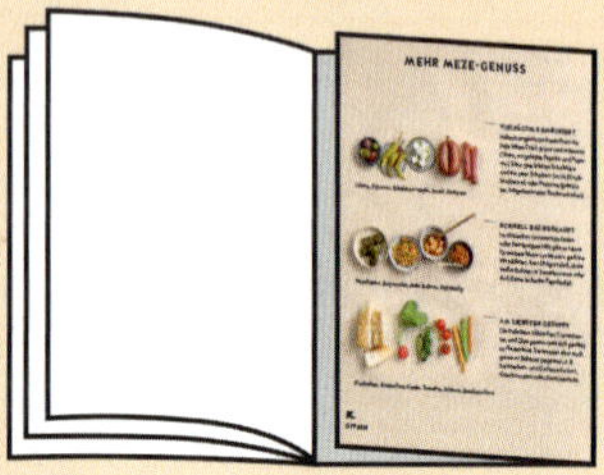

MEHR
MEZE-GENUSS

Immer griffbereit:

SO GEHT'S:
YUFKA- UND
KADAYIF-TEIG

Immer griffbereit:

SO GEHT'S:
YUFKATEIGROLLEN
FÜLLEN

Mit diesem Symbol sind alle vegetarischen Gerichte gekennzeichnet.

GU CLOU

Wussten Sie schon, dass ...?
Entdecken Sie bei einigen ausgewählten Rezepten ganz besondere Tipps mit verblüffendem Insiderwissen.
Aha-Momente garantiert!

Die Backzeiten können je nach Herd variieren. Unsere Temperaturangaben beziehen sich auf das Backen im Elektroherd mit Ober- und Unterhitze. Details – auch zur Verwendung der Grillfunktion – entnehmen Sie bitte der Bedienungsanleitung Ihres Backofens.

Sammeln Ihrer Lieblingsrezepte mit der »GU Kochen Plus«-App (siehe S. 64)

REZEPTKAPITEL

TANJA DUSY

Cacık, Börek und Kısır sind für unsere Autorin keine Fremdwörter. Nicht nur durch Reisen wurde sie zur Liebhaberin der türkischen Küche, sie lebte auch in einem Kölner Multi-Kulti-Viertel, wo sich türkische Spitzenrestaurants an Dönerbuden reihen.

Was mögen Sie an der türkischen Küche?

Ich liebe die mediterrane und die orientalische Küche. Die Verbindung von beidem, wie sie in der türkischen Küche Tradition hat, finde ich deswegen absolut genial: frische Zutaten, viel Gemüse, hocharomatische Kräuter und Gewürze. Das ist im Prinzip eine leichte, sommerliche Kost mit dem Pfiff von 1001 Nacht.

Döner & Co. gelten ja nicht unbedingt als besonders raffiniert ...

Dann sollte man aus den Schnellimbissen und Garküchen herauskommen. Es stimmt zwar, die türkische Küche ist ursprünglich eine einfache »Bauernküche«, die mit wenigen schlichten Zutaten wie Linsen, Bohnen, Joghurt, Käse, Gemüse und Getreide auskommt. Aber: Gut kombiniert und zubereitet schmecken diese typischen Produkte einfach herrlich, und sie lassen sich dazu noch unkompliziert zubereiten. Last but not least wird heute – wie überall auf der Welt – auch in der Türkei wesentlich feiner, frischer und moderner gekocht.

Was schätzen Sie ganz besonders?

Wie in allen Ländern des Orients pflegt man in der Türkei eine wunderbare Gastfreundschaft und eine ganz besondere Tischkultur, bei der sich Familie und Freunde an einem Tisch versammeln. Ich persönlich liebe Meze, die kleinen Vorspeisen, die in unterschiedlichster Form in kleinen Schüsseln angeboten werden. Dazu ein Glas Rakı – dann bin ich glücklich und zufrieden und brauche kaum noch ein Hauptgericht.

MEIN TÜRKISCHES BLITZREZEPT: AYRAN

500 g türkischer Joghurt (ersatzweise griechischer Joghurt; 10 % Fett)

mit 500 ml eiskaltem Wasser

und ¼ TL Salz

mithilfe eines Pürierstabs schaumig mixen. Vier Gläser zur Hälfte mit Eiswürfeln oder Crushed Ice füllen und das Ayran darübergießen. Jeweils mit einem kleinen Stängel Minze garnieren.

MEZE & KLEINIGKEITEN

Für 12 Stück • 30 Min. Ruhen • 30 Min. Zubereitung • Pro Stück ca. 110 kcal, 3 g E, 9 g F, 4 g KH

SIGARA BÖREK – SCHAFSKÄSERÖLLCHEN

FINGERFOOD

150 g Yufka- oder Filoteig (ca. 6 rechteckige Blätter)
200 g Schafskäse (Beyaz Peynir oder Feta)
2 Stängel Minze
½ Bund Petersilie
Pfeffer
Öl zum Frittieren

TIPP
Wer Fett sparen will, bestreicht die fertigen Röllchen dünn mit 50 g geschmolzener Butter, legt sie auf ein mit Backpapier ausgelegtes Blech und bäckt sie bei 220° (Mitte) 15–20 Min., dabei einmal wenden.

1 Den Teig ca. 30 Min. Raumtemperatur annehmen lassen. Inzwischen den Schafskäse mit einer Gabel fein zerkrümeln. Minze und Petersilie waschen und trocken schütteln, die Blättchen abzupfen und fein schneiden. Mit dem Schafskäse mischen und alles mit Pfeffer würzen.

2 Jeweils zwei Teigblätter übereinanderlegen und diagonal durchschneiden, sodass vier Dreiecke entstehen. Jeweils ein Dreieck mit der längsten Seite unten auf eine Arbeitsfläche legen. Je 2 TL Käsemischung in einem Längsstreifen am unteren Rand entlang verteilen, sodass nach unten ca. 1 cm, nach links und rechts jeweils 2–3 cm längs frei bleiben. Die beiden unteren Ecken nach innen über die Füllung schlagen und den freien Rand von unten nach oben über die eingeschlagenen Ecken und die Füllung vorsichtig straff aufrollen. Die offene Spitze mit etwas Wasser befeuchten und damit die Röllchen verschließen. Die übrigen Röllchen ebenso zubereiten.

3 So viel Öl in eine Pfanne mit hohem Rand gießen, dass das Öl ca. 2 cm hoch darin steht. Erhitzen, bis an einem ins Öl gehaltenen Holzlöffelstiel kleine Bläschen aufsteigen. Jeweils vier Röllchen hineingeben und in 1–3 Min. knusprig goldbraun ausbacken, dabei mithilfe eines Löffels wenden. Herausnehmen und auf Küchenpapier abtropfen lassen. Die übrigen Röllchen ebenso zügig frittieren und möglichst warm servieren.

Für 4 Personen • 15 Min. Zubereitung • 1 Std. Kühlen • Pro Portion ca. 240 kcal, 7 g E, 22 g F, 5 g KH

SCHAFSKÄSE-KRÄUTER-CREME

WÜRZIG

100 g Schafskäse (Beyaz Peynir oder Feta) • 350 g türkischer Joghurt (ersatzweise griechischer Joghurt; 10 % Fett) • 1 Knoblauchzehe • ⅓ Bund Petersilie • 4 Stängel Dill • 2 Stängel Minze • ⅓ TL getrockneter Oregano • 3 EL Olivenöl • Salz, Pfeffer

1 Den Schafskäse trocken tupfen, mit einer Gabel fein zerkrümeln und mit dem Joghurt glatt rühren. Knoblauch schälen und dazupressen. Petersilie, Dill und Minze waschen, trocken schütteln, Blättchen abzupfen und fein schneiden. Mit dem Oregano und 2 EL Olivenöl unter die Schafskäse-Kräuter-Creme rühren. Mit Salz und Pfeffer würzen. Zugedeckt ca. 1 Std. kühl stellen. Anschließend mit dem übrigen Öl (1 EL) beträufeln. Dazu passt Fladenbrot.

Für 4 Personen • 10 Min. Zubereitung • Pro Portion ca. 265 kcal, 7 g E, 16 g F, 21 g KH

ROTE-BETE-HUMMUS

SCHNELL GEMACHT

200 g vorgegarte Rote Bete (vakuumverpackt) • 1 Dose Kichererbsen (240 g Abtropfgewicht) • 1 Knoblauchzehe • 4 EL Zitronensaft • 3 EL Tahin (Sesampaste) • 3 EL Olivenöl • ½ TL gemahlener Kreuzkümmel • 2 Msp. Chilipulver • Salz, Pfeffer • 2 Stängel Minze

1 Rote Bete grob würfeln. Kichererbsen in ein Sieb abgießen, dabei das Einlegewasser auffangen. Knoblauch schälen und grob würfeln. Rote Bete, Kichererbsen, Knoblauch, 3 EL Zitronensaft, Tahin und Olivenöl mit einem Pürierstab fein pürieren, dabei je nach gewünschter Konsistenz etwas Kichererbsenwasser untermixen.

2 Mit Kreuzkümmel, Chilipulver, Salz, Pfeffer und nach Belieben mit übrigem Zitronensaft (1 EL) abschmecken. Minze waschen und trocken schütteln, Blättchen abzupfen, in feine Streifen schneiden und den Hummus damit bestreuen.

Für 4 Personen • 20 Min. Zubereitung • Pro Portion ca. 425 kcal, 15 g E, 38 g F, 6 g KH

FRISCHKÄSECREME MIT PISTAZIEN

GUT VORZUBEREITEN

60 g ungesalzene Pistazienkerne • 20 g Walnusskerne • 180 g Schafskäse (Beyaz Peynir oder Feta) • 200 g Ricotta (ersatzweise türkischer Hüttenkäse wie Lor Peyniri oder Süzme Peynir) • 1 Knoblauchzehe • ½ Bund Petersilie • 4 Stängel Dill • 2 Zweige Thymian • 4 EL Olivenöl • Salz, Pfeffer • Pul Biber (ersatzweise Chiliflocken)

1 Pistazien und Walnüsse in einer Pfanne ohne Fett rösten, bis sie leicht bräunen. Abkühlen lassen und grob hacken.

2 Schafskäse trocken tupfen, mit einer Gabel fein zerkrümeln. Mit den gerösteten Nüssen und Ricotta mischen, Knoblauch schälen und dazupressen. Kräuter waschen, trocken schütteln, die Blättchen fein hacken und mit dem Öl zugeben. Alles mit einer Gabel vermengen, mit Salz, Pfeffer und 2–3 Prisen Pul Biber würzen. Kurz ziehen lassen. Mit Pul Biber bestreuen.

Für 4 Personen • 20 Min. Zubereitung • 1 Std. Kühlen • Pro Portion ca. 175 kcal, 4 g E, 15 g F, 7 g KH

CACIK – JOGHURT-GURKEN-DIP

KLASSIKER

1 Salatgurke • Salz • 400 g türkischer Joghurt (ersatzweise griechischer Joghurt; 10 % Fett) • 2 Knoblauchzehen • ½ Bund Dill • 2 Stängel Minze • Pfeffer • 2 EL Olivenöl

1 Die Salatgurke schälen, längs halbieren und die Kerne mit einem Teelöffel herauskratzen. Das Fruchtfleisch klein würfeln, leicht salzen und ca. 10 Min. in einem Sieb abtropfen lassen. Inzwischen Joghurt je nach gewünschter Konsistenz mit 75–100 ml eiskaltem Wasser verrühren. Knoblauch schälen und dazupressen. Dill und Minze waschen und trocken schütteln, Blättchen abzupfen und fein hacken.

2 Die Gurkenwürfel trocken tupfen und mit den Kräutern unter die Joghurtmischung rühren. Mit Salz und Pfeffer würzen und den Dip möglichst ca. 1 Std. kühl stellen. Vor dem Servieren mit Olivenöl beträufeln.

Für 4 Personen • 15 Min. Zubereitung • 45 Min. Garen • 1 Std. Kühlen • Pro Portion ca. 145 kcal, 5 g E, 8 g F, 13 g KH

AUBERGINENMUS

AROMATISCH

4 mittelgroße Auberginen
2 Tomaten
8 Stängel Petersilie
1 kleine Knoblauchzehe
4 EL Zitronensaft
1 EL Granatapfelsirup (Nar Ekşisi)
3 EL Olivenöl
½ TL gemahlener Kreuzkümmel
Salz, Pfeffer

1 Backofen auf ca. 240° vorheizen, Backofengrill zuschalten. Ein Backblech mit Alufolie auslegen. Auberginen waschen, ringsum mit einer Gabel tief einstechen und auf das Blech legen. Im heißen Ofen (oben) 35–45 Min. grillen, bis das Fruchtfleisch weich und die Schale dunkel und trocken ist, dabei nach jeweils ca. 15 Min. wenden. In einem Sieb auskühlen lassen. Inzwischen die Tomaten waschen und klein würfeln, Stielansätze dabei entfernen. Petersilie waschen und trocken schütteln, Blättchen abzupfen und klein hacken.

2 Auberginen längs halbieren, Fruchtfleisch mit einem Löffel herauskratzen und mit einem Messer klein hacken (alternativ pürieren). Knoblauch schälen, dazupressen und mit Tomaten, Zitronensaft, Granatapfelsirup, Petersilie und Öl unterrühren. Das Auberginenmus mit Kreuzkümmel, Salz und Pfeffer pikant würzen. Möglichst ca. 1 Std. kühl stellen. Mit Brot oder Rohkostgemüse zum Dippen servieren.

Für 4 Personen • 25 Min. Zubereitung • Pro Portion ca. 295 kcal, 6 g E, 25 g F, 11 g KH

MÖHREN-JOGHURT-DIP

GÜNSTIG

60 g Walnusskerne
450 g Möhren
1 Knoblauchzehe
3 EL Olivenöl
Salz, Pfeffer
¼ TL Pul Biber (nach Belieben)
½ Bund Dill
350 g türkischer Joghurt (ersatzweise griechischer Joghurt; 10 % Fett)
2 Spritzer Zitronensaft

1 Die Walnüsse in einer Pfanne ohne Fett rösten, bis sie leicht bräunen, dann herausnehmen und abkühlen lassen. Inzwischen die Möhren schälen, putzen und auf einer Rohkostreibe grob raspeln. Den Knoblauch schälen und fein würfeln.

2 Öl in einer beschichteten Pfanne erhitzen, den Knoblauch darin andünsten. Möhren zugeben und unter Rühren 2–3 Min. bissfest anbraten. Mit Salz, Pfeffer und nach Belieben mit Pul Biber würzen, abkühlen lassen. Inzwischen die Walnüsse grob hacken. Dill waschen und trocken schütteln, Spitzen abzupfen und grob hacken.

3 Möhrenmischung mit Joghurt, Walnüssen und Dill (etwas von beidem zurückbehalten) verrühren und mit Salz, Pfeffer und Zitronensaft abschmecken. Den Möhren-Joghurt-Dip mit den beseitegelegten Walnüssen und Dill garnieren, nach Belieben mit Pul Biber bestreuen. Passt zu Fladenbrot, gegrilltem Fleisch oder Gemüse.

Für 4 Personen • 20 Min. Zubereitung • Pro Portion ca. 390 kcal, 16 g E, 26 g F, 22 g KH

BOHNENSALAT MIT SESAMSAUCE

SCHNELL GEMACHT

2 Eier
2 Dosen weiße Bohnen (à 250 g Abtropfgewicht)
2 rote Zwiebeln
2 Tomaten
4 EL Rotweinessig
4 EL Olivenöl
Salz, Pfeffer
1 Zitrone
5 EL Tahin (Sesampaste)
1 TL gemahlener Kreuzkümmel
1 Bund Petersilie

1 Eier in ca. 8 Min. hart kochen, kalt abschrecken und abkühlen lassen. Inzwischen Bohnen in ein Sieb abgießen, kalt abbrausen und abtropfen lassen. Zwiebeln schälen, längs halbieren und längs in dünne Streifen schneiden. Tomaten waschen, längs halbieren, die Kerne mit einem Teelöffel entfernen und das Fruchtfleisch klein würfeln. Essig und Öl gründlich verrühren, salzen und pfeffern. Bohnen und Zwiebeln untermengen, auf Tellern anrichten.

2 Zitrone auspressen und den Saft mit Tahin glatt rühren. Nach und nach mit 100–125 ml eiskaltem Wasser zu einem flüssigen Dressing verrühren. Mit Salz, Pfeffer und Kreuzkümmel würzen. Petersilie waschen, trocken schütteln, Blättchen abzupfen und grob hacken. Eier pellen, in Scheiben schneiden und diese halbieren. Dressing über die Bohnenmischung gießen und vermengen. Tomaten, Petersilie und Eier darauf anrichten. Mit Pfeffer übermahlen und servieren.

Für 4 Personen • 25 Min. Zubereitung • Pro Portion ca. 165 kcal, 3 g E, 11 g F, 12 g KH

LÖFFELSALAT

SOMMER-REZEPT

2 Mini-Salatgurken (ersatzweise 1 kleine Salatgurke)
6 Eiertomaten
2 grüne türkische Spitzpaprika
1 rote Zwiebel
1 kleines Bund Petersilie
2 Stängel Minze
2 EL Granatapfelsirup (Nar Ekşisi)
2 EL Zitronensaft
4 EL Olivenöl
Salz, Pfeffer
1 ½ TL Sumach

1 Die Gurken waschen und putzen, zuerst längs in dünne Scheiben (5–8 mm), dann in kleine Würfel schneiden. Die Tomaten waschen und quer in ähnlich dünne Scheiben schneiden, dabei die Kerne entfernen. Das Fruchtfleisch sehr klein würfeln. Die Spitzpaprika waschen, halbieren, weiße Trennwände und Kerne entfernen, Paprika sehr klein würfeln. Die Zwiebel schälen und ebenfalls klein würfeln.

2 Petersilie und Minze waschen und trocken schütteln, Blättchen abzupfen und nicht zu fein hacken. Granatapfelsirup, Zitronensaft und Öl verquirlen, salzen und pfeffern. Mit Gurken, Tomaten, Paprika, Zwiebel, Petersilie und Minze mischen. Den Löffelsalat ca. 5 Min. ziehen lassen und nochmals mit Salz und Pfeffer abschmecken. Mit Sumach bestreuen und gleich servieren.

Für 4 Personen • 30 Min. Zubereitung • 10 Min. Ruhen • Pro Portion ca. 315 kcal, 8 g E, 11 g F, 43 g KH

KISIR – BULGURSALAT

KLASSIKER

200 g feiner Bulgur (Köftelik Bulgur)
1 große Zwiebel
2 rote Spitzpaprika
4 EL Olivenöl
1 EL Tomatenmark
1 ½ EL scharfes Paprikamark (Acı Biber Salçası; aus dem Glas)
3 Frühlingszwiebeln
1 Bund Petersilie
4 Stängel Minze
½ Zitrone
2 EL Granatapfelsirup (Nar Ekşisi)
Salz, Pfeffer

1 Den Bulgur mit 250 ml kochendem Wasser übergießen und ca. 30 Min. quellen und abkühlen lassen, anschließend mit einer Gabel auflockern. Inzwischen Zwiebel schälen und fein würfeln. Spitzpaprika waschen, halbieren, weiße Trennwände und Kerne entfernen und die Paprika ca. 5 mm klein würfeln.

2 Öl in einer kleinen beschichteten Pfanne erhitzen, Zwiebel und Paprika darin andünsten, bis die Zwiebel weich und goldgelb ist und die Paprika noch leicht Biss hat. Tomaten- und Paprikamark unterrühren und 1–2 Min. mitbraten. Dann vom Herd nehmen und abkühlen lassen.

3 Inzwischen Frühlingszwiebeln waschen, putzen und mitsamt Grün in feine Ringe schneiden. Petersilie und Minze waschen, Blättchen abzupfen und grob zerschneiden. Die Zitrone auspressen. Die Zwiebel-Paprika-Mischung mit 3 EL Zitronensaft und dem Granatapfelsirup verrühren, dann gut mit dem Bulgur vermengen. Frühlingszwiebeln und Kräuter unterheben, salzen und pfeffern. Den Bulgursalat ca. 10 Min. ziehen lassen und nach Belieben mit Zitronensaft, Salz und Pfeffer abschmecken.

Für 4 Personen • 15 Min. Zubereitung • 30 Min. Garen • Pro Portion ca. 415 kcal, 14 g E, 28 g F, 26 g KH

YAYLA ÇORBASI – ALMSUPPE

EINFACH

100 g Reis
1 große Zwiebel
60 g Butter
1,2 l Fleischbrühe
Salz, Pfeffer
300 g türkischer Joghurt (ersatzweise griechischer Joghurt; 10 % Fett)
1 ½ TL Speisestärke
2 Eier
1 TL getrocknete Minze
½ TL edelsüßes Paprikapulver

1 Den Reis in einem Sieb kalt abbrausen und abtropfen lassen. Die Zwiebel schälen und fein würfeln. Die Hälfte der Butter in einem Suppentopf schmelzen und die Zwiebel goldgelb darin andünsten. Die Brühe angießen und den Reis zugeben, salzen, pfeffern und alles zugedeckt bei kleiner Hitze 25–30 Min. garen. Inzwischen Joghurt, Stärke und Eier mit einem Schneebesen glatt rühren.

2 Die Suppe vom Herd nehmen, eine Schöpfkelle davon abnehmen, kurz abkühlen lassen und mit dem Schneebesen unter die Joghurt-Eier-Mischung rühren. Die Suppe kurz abkühlen lassen, dann die Joghurt-Suppe-Mischung unterrühren. Die Suppe unter ständigem Rühren erneut erhitzen, bis sie andickt (nicht kochen lassen, sonst gerinnt das Ei!). Übrige Butter in einem Pfännchen aufschäumen. Minze zwischen den Fingern zerreiben, mit dem Paprikapulver in die Butter rühren. Die Almsuppe mit Salz und Pfeffer abschmecken, auf Teller verteilen und mit der Würzbutter beträufeln.

Für 4 Personen • 15 Min. Zubereitung • 30 Min. Garen • Pro Portion ca. 405 kcal, 19 g E, 17 g F, 42 g KH

LINSENSUPPE

GÜNSTIG

250 g rote Linsen
1 große Zwiebel
1 große Möhre
1 kleine mehligkochende Kartoffel
60 g Butter
¾ TL gemahlener Kreuzkümmel
1,2 l Gemüsebrühe
Salz, Pfeffer
1 TL edelsüßes oder rosenscharfes Paprikapulver
½ Zitrone
120 g türkischer Joghurt (ersatzweise griechischer Joghurt; 10 % Fett)

1 Linsen in einem Sieb kalt abbrausen. Zwiebel schälen und klein würfeln. Möhre schälen, putzen, längs vierteln und in kleine Stücke schneiden. Kartoffel schälen, abbrausen und klein würfeln. In einem Suppentopf 20 g Butter zerlassen, Zwiebel goldgelb darin andünsten. Möhre 3–4 Min. unter Rühren mitgaren. Kreuzkümmel unterrühren, kurz mitrösten. Linsen, Kartoffel und Brühe zugeben, durchrühren, salzen und pfeffern. Zugedeckt 25–30 Min. bei mittlerer Hitze köcheln, bis das Gemüse weich und die Linsen zerfallen sind.

2 Die übrige Butter (40 g) in einer kleinen Pfanne schmelzen, das Paprikapulver zugeben und die Butter kurz aufschäumen lassen, dann vom Herd nehmen. Die Zitrone auspressen. Die Linsensuppe mit einem Pürierstab fein pürieren und den Joghurt unterrühren. Mit Salz, Pfeffer und nach Geschmack mit 1–2 EL Zitronensaft abschmecken. Die Linsensuppe auf Schalen oder Suppenteller verteilen und mit der Paprikabutter beträufeln.

VIEL GEMÜSE

Für 4 Personen • 1 Std. Zubereitung • Pro Portion ca. 275 kcal, 15 g E, 15 g F, 19 g KH

MÜCVER – ZUCCHINIPUFFER

VORSPEISE

800 g möglichst kleine Zucchini
Salz
3 Frühlingszwiebeln
1 Bund Dill
1 Bund Petersilie
120 g Schafskäse (Beyaz Peynir oder Feta)
3 Eier (M)
⅓ TL getrockneter Oregano
Pfeffer
5 EL Mehl
¼ TL Backpulver
Öl zum Braten

GU CLOU

Ideal sind hier kleine Zucchini: Bei ihnen ist das Verhältnis von fester Schale und wasserhaltigem Inneren perfekt – so werden die Puffer garantiert knusprig und nicht matschig. Besonders die türkischen Zucchini sind hartschalig, fest und sehr aromatisch.

1 Zucchini waschen, putzen und auf einer Rohkostreibe grob raspeln. Mit 2–3 Prisen Salz in einem Sieb mischen und ca. 20 Min. abtropfen lassen. Anschließend so viel Flüssigkeit wie möglich mit den Händen ausdrücken.

2 Inzwischen Frühlingszwiebeln waschen, putzen und mitsamt Grün in feine Ringe schneiden. Dill und Petersilie waschen, gut trocken schütteln, Blättchen abzupfen und grob zerschneiden. Schafskäse mit einer Gabel zerkrümeln.

3 Die Eier in einer großen Schüssel verquirlen. Zucchini, Frühlingszwiebeln, Schafskäse und Kräuter unterrühren. Mit Oregano, wenig Salz und Pfeffer würzen. Mehl und Backpulver mischen, dazugeben und alles gründlich vermengen.

4 Backofen auf 90° vorheizen. So viel Öl in eine beschichtete Pfanne mit hohem Rand gießen, dass das Öl 1–2 cm hoch darin steht. Pro Puffer je 1 gehäuften EL Zucchinimasse hineingeben, leicht flach drücken und bei mittlerer Hitze in 5–6 Min. goldbraun braten, dabei einmal mit einem Löffel wenden. Herausnehmen, auf Küchenpapier abtropfen lassen und im Ofen warm halten. Die übrigen Puffer auf die gleiche Weise zubereiten. Am besten mit Cacık (Joghurt-Gurken-Dip) servieren.

Für 4 Personen • 30 Min. Zubereitung • Pro Portion ca. 270 kcal, 12 g E, 22 g F, 5 g KH

MENEMEN – TÜRKISCHES RÜHREI

ZUM FRÜHSTÜCK

1 kleine Zwiebel
4 Tomaten
3 grüne türkische Spitzpaprika
6 Stängel Petersilie
6 Eier (M)
Salz, Pfeffer
3 Msp. Pul Biber
3 EL Butter

1 Die Zwiebel schälen und klein würfeln. Die Tomaten kreuzweise einritzen und in einer Schüssel mit kochendem Wasser übergießen. Ca. 10 Min. darin ziehen lassen, dann die Haut abziehen und das Fruchtfleisch klein würfeln, die Stielansätze dabei entfernen. Die Spitzpaprika waschen, halbieren, von weißen Trennwänden und Kernen befreien, dann klein würfeln. Die Petersilie waschen, trocken schütteln, Blättchen abzupfen und grob hacken. Die Eier verquirlen und mit Salz, Pfeffer und Pul Biber würzen.

2 Die Butter in einer beschichteten Pfanne schmelzen, Zwiebel bei mittlerer Hitze darin andünsten. Die Paprika 2–3 Min. mitbraten. Tomaten unterrühren und alles unter gelegentlichem Rühren ca. 5 Min. garen, leicht salzen und pfeffern. Eier über das Gemüse gießen und bei mittlerer Hitze unter gelegentlichem Rühren garen, bis die Eiermasse zu stocken beginnt, sie sollte allerdings schön feucht bleiben. Das Rührei mit Petersilie bestreuen und mit Fladenbrot servieren.

Für 4 Personen • 30 Min. Zubereitung • Pro Portion ca. 365 kcal, 13 g E, 31 g F, 7 g KH

ISPANAKLI ÇILBIR – SPINATEIER

IMBISS

400 g Blattspinat (ersatzweise 300 g aufgetauter TK-Blattspinat)
1 Zwiebel
2 Knoblauchzehen
400 g türkischer Joghurt (ersatzweise griechischer Joghurt; 10 % Fett)
Salz, Pfeffer
75 g Butter
3 EL Weißweinessig
4 frische Eier
¾ TL edelsüßes Paprikapulver
½ TL Pul Biber (nach Belieben)

1 Frischen Spinat verlesen, waschen und trocken schleudern. Zwiebel und Knoblauch schälen, fein hacken, dabei 1 Knoblauch zum Joghurt pressen, salzen und pfeffern. In einem Topf 25 g Butter erhitzen, Zwiebel und Knoblauch goldgelb darin andünsten. Spinat zugeben, zusammenfallen lassen. Salzen, pfeffern und zugedeckt warm halten.

2 In einem Topf 1,2 l Wasser mit 1 TL Salz und Essig zum Sieden bringen. Die Eier jeweils in eine Tasse aufschlagen. Mit einem Kochlöffelstiel einen Strudel in das Kochwasser rühren, 1 Ei hineingleiten lassen. Mithilfe eines Löffels das Eiweiß um das Eigelb ziehen. Gleich die anderen Eier ebenso in das Wasser geben und ca. 4 Min. garen. Mit einem Schaumlöffel herausheben. Inzwischen die übrige Butter (50 g) schmelzen, das Paprikapulver darin aufschäumen, leicht salzen und warm halten. Den Spinat auf Teller verteilen, die Eier daraufgeben und den Joghurt darüber verteilen. Mit der Paprikabutter beträufeln und nach Belieben mit Pul Biber bestreuen.

İMAM BAYILDI – GEFÜLLTE AUBERGINEN

KLASSIKER

Für 4 Personen • 30 Min. Zubereitung • 30 Min. Ruhen • 1 Std. 15 Min. Garen • Pro Portion ca. 795 kcal, 2 g E, 67 g F, 6 g KH

4 mittelgroße Auberginen
Salz
2 Zwiebeln
2 Knoblauchzehen
4 grüne türkische Spitzpaprika
½ Bund Petersilie
180 ml Olivenöl
Pfeffer
½ TL scharfes Pul Biber
½ TL gemahlener Kreuzkümmel
250 g stückige Tomaten (Tetrapak)

TIPP
Die gefüllten Auberginen am besten lauwarm zu Fladenbrot oder Reis servieren.

1 Die Auberginen waschen. Mit einem Sparschäler längs abwechselnd einen Streifen Schale abziehen und einen Streifen belassen (Bild 1). Die Stielansätze schälen und an den Früchten belassen. Die Auberginen je einmal auf einer Seite längs tief einschneiden (Bild 2). Dann salzen, ca. 15 Min. ruhen lassen, ca. 15 Min. wässern und zuletzt trocken tupfen.

2 Inzwischen die Zwiebeln schälen, längs halbieren und in feine Streifen schneiden. Knoblauch schälen und fein hacken. Die Paprika waschen, halbieren, von weißen Trennwänden und Kernen befreien und quer in feine Streifen schneiden (Bild 3). Die Petersilie waschen und trocken schütteln, die Blättchen abzupfen und klein hacken.

3 Die Hälfte des Öls in einem Bräter oder in einer ofenfesten Pfanne mit hohem Rand erhitzen. Die Auberginen ringsum bei mittlerer Hitze darin braten, bis sie spürbar weicher werden, dann herausnehmen. Die Zwiebeln hineingeben und goldgelb dünsten. Die Paprika zugeben und bei großer Hitze unter Rühren 2–3 Min. braten. Mit Salz, Pfeffer, Pul Biber und Kreuzkümmel würzen. Knoblauch, Tomaten und Petersilie unterrühren (Bild 4), leicht abkühlen lassen.

4 Den Backofen auf 160° vorheizen. So viel Paprika-Tomaten-Mischung wie möglich in die Einschnitte der Auberginen füllen (Bild 5). Dann die restliche Mischung in Bräter oder Pfanne mit 250 ml Wasser verrühren. Die Auberginen mit der Öffnung nach oben hineinlegen, mit dem übrigen Öl (90 ml) beträufeln. Zugedeckt im heißen Ofen (unten) 1 Std.–1 Std. 15 Min. garen, dann servieren (Bild 6). Die Stielansätze nicht mitessen.

Für 4 Personen • 35 Min. Zubereitung • 1 Std. 25 Min. Garen • Pro Portion ca. 220 kcal, 7 g E, 9 g F, 27 g KH

TÜRLÜ – BUNTES OFENGEMÜSE

SOMMER-REZEPT

5 Tomaten
4 festkochende Kartoffeln (ca. 400 g)
300 g breite grüne Bohnen
3 rote Spitzpaprika
1 große Aubergine
2 Zwiebeln
2 Knoblauchzehen
3 EL Olivenöl
Salz, Pfeffer
2 EL Tomatenmark
2 EL scharfes Paprikamark (Acı Biber Salçası; aus dem Glas)
⅓ TL getrockneter Oregano

AUSSERDEM
Alufolie für die Form

TIPP
Wer Lust auf Fleisch hat, würfelt 400 g Lammfleisch (aus der Keule) ca. 1 cm groß und mischt es mit dem Gemüse. Dann für die Würzsauce 200 ml (statt 150 ml) Wasser oder Lammfond verwenden.

1 Die Tomaten kreuzweise einritzen und in einer Schüssel mit kochendem Wasser übergießen. Ca. 10 Min. darin ziehen lassen, dann häuten und klein würfeln, dabei die Stielansätze entfernen und den Saft in einem Schälchen auffangen. Die Kartoffeln schälen, abbrausen und in ca. 2 cm große Stücke schneiden. Die Bohnen waschen, putzen und in 3–4 cm lange Stücke schneiden. Die Paprika waschen, halbieren, weiße Trennwände und Kerne entfernen und die Paprika quer in ca. 1,5 cm breite Streifen schneiden. Die Aubergine waschen, putzen und in ca. 2 cm große Würfel schneiden. Zwiebeln und Knoblauch schälen, Zwiebeln in gröbere, den Knoblauch in feine Würfel schneiden, beides mischen.

2 Den Backofen auf 200° vorheizen. Kartoffeln in einer weiten Auflaufform verteilen. Mit der Hälfte der Zwiebel-Knoblauch-Mischung bestreuen. Bohnen, Paprika und Aubergine in einer Schüssel gründlich mit Öl, Salz, Pfeffer und der übrigen Zwiebel-Knoblauch-Mischung vermengen. Alles auf den Kartoffeln verteilen und die Tomatenstücke darübergeben.

3 Tomaten- und Paprikamark mit dem aufgefangenen Tomatensaft, Oregano und 150 ml heißem Wasser glatt rühren. Salzen, pfeffern und über das Gemüse gießen. Dann die Form mit einem Stück Alufolie verschließen und das Ofengemüse im heißen Ofen (Mitte) ca. 30 Min. garen. Die Alufolie abnehmen und das Gemüse in weiteren 45–55 Min. weich garen.

Für 4 Personen • 10 Min. Zubereitung • 30 Min. Quellen • 20 Min. Garen •
Pro Portion ca. 290 kcal, 3 g E, 20 g F, 26 g KH

PIRINÇ PILAV – TÜRKISCHER REIS

BEILAGEN-KLASSIKER

250 g türkischer Reis (Pilavlık Pirinç)
Salz
4 EL Olivenöl
4 EL Reisnudeln (Arpa Şehriye; ersatzweise griechische Kritharaki oder italienische Risoni)
30 g Butter

1 Den Reis und 1 TL Salz in einer Schüssel mit so viel kochendem Wasser übergießen, dass er bedeckt ist. Ca. 30 Min. quellen lassen, dann in ein Sieb abgießen, kalt abbrausen und abtropfen lassen.

2 Das Olivenöl in einem weiten Topf oder einer Pfanne mit hohem Rand erhitzen. Die Reisnudeln zugeben und unter ständigem Rühren bei mittlerer Hitze goldbraun braten. Die Butter zugeben und unter Rühren leicht aufschäumen lassen. Den Reis hinzufügen und ca. 2 Min. unter Rühren mitbraten. Dann ca. 550 ml Wasser zugießen, sodass es knapp 1 cm über dem Reis steht. Salzen und einmal aufkochen lassen. Den Topfdeckel in ein sauberes Geschirrtuch einschlagen und so auflegen, dass kein Dampf entweicht. Den Reis ca. 20 Min. zugedeckt garen, bis er weich ist und das Wasser vollständig aufgesogen hat, dabei den Deckel nicht öffnen. Den Reis mit einer Gabel auflockern und als Beilage servieren.

Für 4 Personen • 25 Min. Zubereitung • 30 Min. Garen • 10 Min. Quellen •
Pro Portion ca. 360 kcal, 10 g E, 12 g F, 48 g KH

BULGUR-PAPRIKA-PILAW

EINFACH

3 Tomaten
250 g grober Bulgur (Pilavlık Bulgur)
1 große Zwiebel
3 grüne türkische Paprika (Biber Dolmalık)
50 g Butter
1 ½ EL Tomatenmark
1 EL mildes Paprikamark (Tatlı Biber Salçası; aus dem Glas)
500 ml Gemüsebrühe
Salz, Pfeffer

1 Die Tomaten kreuzweise einritzen und mit kochendem Wasser übergießen. Ca. 10 Min. darin ziehen lassen, dann die Haut abziehen. Die Tomaten klein hacken, dabei Stielansätze entfernen und Saft auffangen. Den Bulgur in einem feinen Sieb kalt abbrausen und abtropfen lassen. Die Zwiebel schälen und klein würfeln. Die Paprika waschen, halbieren, von Kernen und weißen Trennwänden befreien und in ca. 1 cm große Stücke schneiden.

2 Butter in einem Topf erhitzen, Zwiebeln goldgelb darin andünsten. Die Hitze erhöhen, Paprika zugeben und unter Rühren ca. 2 Min. braten. Die Tomaten samt Saft, Tomaten- und Paprikamark zugeben und alles 2–3 Min. unter Rühren garen. Zuerst den Bulgur, dann die Brühe unterrühren, salzen und pfeffern. Einmal kurz aufkochen lassen, dann bei kleiner Hitze 20–30 Min. zugedeckt garen. Herd ausschalten und den Bulgur ca. 10 Min. quellen lassen. Mit einer Gabel auflockern. Als Beilage oder als Hauptgericht mit Cacık servieren.

BÖREKSCHNECKE MIT SPINAT

FÜR GÄSTE

Für 8 Stücke • 1 Std. Zubereitung • 35 Min. Backen • Pro Stück ca. 320 kcal, 10 g E, 25 g F, 13 g KH

250 g Yufka- oder Filoteig (ca. 10 rechteckige Blätter)
800 g Blattspinat (z. B. Wurzelspinat)
1 Bund Frühlingszwiebeln
2 Knoblauchzehen
7 EL Olivenöl
Salz, Pfeffer
200 g Schafskäse (Beyaz Peynir oder Feta)
1 Bund Petersilie
1 TL Gemüsebrühepulver (Instant)
100 g türkischer Joghurt (ersatzweise griechischer Joghurt; 10 % Fett)
3 EL Milch
1 Ei

AUSSERDEM
Tarteform (ca. 28 cm ∅)

TIPP
Vor dem Backen 1 EL Schwarzkümmelsamen über die Teigschnecke streuen – das sieht appetitlich aus und bringt aromatische Würze ins Spiel.

1 Den Teig ca. 30 Min. Raumtemperatur annehmen lassen. Inzwischen den Spinat putzen, waschen und in ca. 2 cm breite Streifen schneiden (Bild 1). Die Frühlingszwiebeln waschen und putzen, weiße und grüne Teile getrennt voneinander in Ringe schneiden. Den Knoblauch schälen und klein hacken. In einer Pfanne 3 EL Öl erhitzen, die weißen Zwiebelringe und den Knoblauch darin andünsten. Den Spinat zugeben, salzen, pfeffern und bei großer Hitze unter Rühren zusammenfallen lassen. Abkühlen lassen und gut ausdrücken.

2 Den Schafskäse mit einer Gabel zerkrümeln. Die Petersilie waschen, trocken schütteln und samt Stielen fein schneiden. Beides mit dem Frühlingszwiebelgrün unter den Spinat mischen (Bild 2). Mit Brühepulver, Salz und Pfeffer würzen.

3 Backofen auf 180° vorheizen. Eine Tarteform (ca. 28 cm ∅) mit 1 EL Öl auspinseln. Joghurt, Milch, Ei und 3 EL Olivenöl verquirlen. Die Teigblätter dünn damit bestreichen, dabei etwa ein Drittel Joghurtmischung übrig lassen. Die Spinatmischung in zehn Portionen teilen, je eine Portion in einem Streifen an der unteren Längsseite eines Teigblattes entlang auslegen, dabei zum unteren Rand ca. 3 cm, links und rechts je ca. 2 cm frei lassen (Bild 3). Die seitlichen Ränder nach innen schlagen und das Teigblatt von unten nach oben aufrollen (Bild 4). Die übrigen Teigrollen ebenso zubereiten.

4 Die Teigrollen mit der Naht nach unten von außen nach innen in einer Schneckenform aneinanderlegen (Bild 5). Mit der übrigen Joghurtmischung bepinseln. Im heißen Ofen (Mitte) in ca. 35 Min. goldbraun backen. Kurz abkühlen lassen und in Tortenstücken servieren (Bild 6).

FISCH & FLEISCH

Für 4 Personen • 25 Min. Zubereitung • 20 Min. Marinieren • 20 Min. Garen •
Pro Portion ca. 550 kcal, 50 g E, 19 g F, 39 g KH

HAMSI TAVA – FRITTIERTE SARDELLEN

VORSPEISE

1 kg Sardellen (ersatzweise große Sardinen)
Salz
2 Bio-Zitronen
4 EL Olivenöl
200 g Maismehl
Öl zum Frittieren

1 Die Sardellen waschen, trocken tupfen und an der Bauchseite längs aufschneiden. Kopf und Innereien entfernen. Die Sardellen längs aufklappen, das Rückgrat mitsamt Gräten herausziehen. Die Filets nochmals waschen, trocken tupfen und salzen. 1 Zitrone auspressen, den Saft zuerst mit Öl, dann mit den Sardellen mischen. Mit Frischhaltefolie abdecken und ca. 20 Min. kühl stellen.

2 Die übrige Zitrone heiß waschen, trocken tupfen und in Spalten schneiden. Das Maismehl auf einen Teller geben. Die Sardellen abtropfen lassen und beidseitig im Mehl wenden, überschüssiges Mehl abschütteln. Das Öl ca. 2 cm hoch in einem weiten Topf oder einer Pfanne erhitzen, bis an einem ins Öl gehaltenen Holzlöffelstiel kleine Bläschen aufsteigen. Die Sardellen darin portionsweise knusprig braun ausbacken. Danach auf Küchenpapier abtropfen lassen. Mit Zitronenspalten zum Beträufeln servieren.

Für 4 Personen • 20 Min. Zubereitung • 20 Min. Grillen • Pro Portion ca. 640 kcal, 48 g E, 47 g F, 4 g KH

GEGRILLTE MAKRELEN

SOMMER-REZEPT

FÜR DIE MAKRELEN

4 frische küchenfertige Makrelen (à ca. 250 g)
1 große weiße Zwiebel
1 Bund Petersilie
Salz
Pfeffer
Olivenöl zum Bepinseln

FÜR DAS ZITRONENÖL

1 Bund Petersilie
2 Zitronen
2 Knoblauchzehen
6 EL Olivenöl
Salz, Pfeffer
½ TL Pul Biber

MAKRELEN: Den Gas- oder Holzkohlegrill rechtzeitig anheizen. Die Makrelen innen und außen kalt waschen, dann trocken tupfen. Jeweils beidseitig drei- bis viermal mit kurzen Schnitten einschneiden. Die Zwiebel schälen, längs vierteln und in sehr schmale Streifen schneiden. Die Petersilie waschen und trocken schütteln, die Blättchen abzupfen und grob hacken. Mit der Zwiebel mischen, salzen und pfeffern. Alles mit den Händen weicher kneten und in die Fischbäuche füllen. Die Fische außen mit Öl bepinseln, salzen und pfeffern. Auf dem heißen Grill 8–10 Min. pro Seite grillen.

ZITRONENÖL: Inzwischen die Petersilie waschen und trocken schütteln, Blättchen abzupfen und fein hacken. Die Zitronen auspressen. Den Knoblauch schälen, fein hacken und mit Zitronensaft, Öl und 4 EL kaltem Wasser verquirlen. Die Petersilie unterrühren und das Zitronenöl mit Salz, Pfeffer und Pul Biber würzen.

Für 4 Personen • 30 Min. Zubereitung • 25 Min. Garen • Pro Portion ca. 560 kcal, 64 g E, 28 g F, 11 g KH

ASMA YAPRAĞINDA LEVREK – FISCH IM WEINBLATT

FÜR GÄSTE

1 Pck. eingelegte Weinblätter (ca. 300 g; vakuumverpackt)
8 dünne, möglichst gleich große Fischfilets (à ca. 150 g; z. B. Wolfsbarsch mit Haut oder Rotbarsch ohne Haut)
Salz, Pfeffer
½ Bund Petersilie
1 Bio-Zitrone
1 weiße Zwiebel
6 Tomaten
15 grüne Oliven (entsteint)
25 g kalte Butter
Olivenöl zum Beträufeln

1 Die Weinblätter 10–15 Min. wässern, dann vorsichtig voneinander lösen und trocken tupfen. Inzwischen die Fischfilets trocken tupfen, salzen und pfeffern. Die Petersilie waschen und trocken schütteln, Blättchen abzupfen und klein hacken. Die Zitrone heiß waschen, trocken tupfen und halbieren. Eine Hälfte in dünne Scheiben schneiden, die zweite Hälfte auspressen. Die Zwiebel schälen und in feine Ringe schneiden. Die Tomaten waschen, zwei davon quer in dünne Scheiben schneiden. Die Oliven klein hacken. Den Backofen auf 180° vorheizen und ein Backblech mit Öl bepinseln.

2 Je nach Größe 8–12 Weinblätter überlappend rechteckig so auslegen, dass der Fisch gut damit umhüllt werden kann. Ein Fischfilet mit der Hautseite nach unten mittig darauflegen. Butter in Flöckchen schneiden, etwas davon auf dem Fisch verteilen. Je ein Viertel Petersilie und Oliven daraufgeben, je 2 Tomaten- und 2 Zwiebelringe darauflegen. Mit etwas Zitronensaft beträufeln und ein paar Flöckchen Butter darübergeben. Ein zweites Fischfilet mit der Hautseite nach oben darauflegen. Die Weinblätter über die beiden Fischfilets schlagen, sodass sie ganz eingepackt sind. Mit der Naht nach unten auf das Blech legen. Die übrigen Fischfilets auf die gleiche Weise zubereiten.

3 Zitronenscheiben auf den Fischpäckchen verteilen. Restliche Tomaten vierteln und mit den übrigen Zwiebelringen zwischen den Fischen verteilen, alles salzen, pfeffern und großzügig mit Olivenöl beträufeln. Im heißen Ofen (Mitte) 20–25 Min. garen.

GU CLOU

Die Weinblätter sorgen dafür, dass der Fisch schön saftig gegart wird. Gleichzeitig geben sie ihm ein ganz besonderes, leicht salziges Aroma. Wichtig ist: Der Fisch sollte vollständig damit eingepackt sein – also nicht mit Weinblättern sparen.

Für 4 Personen • 40 Min. Zubereitung • 30 Min. Ruhen • Pro Portion ca. 585 kcal, 45 g E, 41 g F, 10 g KH

KÖFTE – TÜRKISCHE FRIKADELLEN

KLASSIKER

1 große Zwiebel
2 Knoblauchzehen
½ Bund Petersilie
Olivenöl zum Braten
Salz, Pfeffer
2 Scheiben Toastbrot
5 EL Milch
800 g Rinderhackfleisch
1 Ei
¾ TL getrockneter Oregano
1 ½ TL gemahlener Kreuzkümmel
1 ½ TL Pul Biber

1 Zwiebel und Knoblauch schälen und fein würfeln. Die Petersilie waschen und trocken schütteln, Blättchen abzupfen und fein hacken. 3 EL Öl in einer beschichteten Pfanne erhitzen, Zwiebel darin goldgelb dünsten, Knoblauch und Petersilie kurz mitdünsten. Salzen, pfeffern und abkühlen lassen. Inzwischen Toastbrot zerzupfen, Milch darüberträufeln und mit den Fingern fein verkneten. Hackfleisch, Ei, Zwiebelmischung, Oregano und Kreuzkümmel zugeben und mit den Händen zu einer gleichmäßigen Masse vermengen. Mit Pfeffer und Pul Biber pikant würzen und ca. 30 Min. zugedeckt kühl stellen.

2 Von der Hackfleischmischung je 2 EL abnehmen und daraus mit angefeuchteten Händen flache, ovale Frikadellen formen. Reichlich Öl in einer beschichteten Pfanne erhitzen. Die Frikadellen darin beidseitig in ca. 8 Min. knusprig braun braten. Auf Küchenpapier abtropfen lassen. Alternativ im Sommer auf dem Grill zubereiten.

Für 12 Spieße • 30 Min. Zubereitung • 6 Std. Marinieren • 15 Min. Grillen •
Pro Stück ca. 110 kcal, 16 g E, 5 g F, 1 g KH

TAVUK ŞIŞ – HÄHNCHENSPIESSE

SOMMER-REZEPT

800 g Hähnchenbrustfilet
2 Knoblauchzehen
4 EL türkischer Joghurt (ersatzweise griechischer Joghurt; 10 % Fett)
3 Zweige Thymian
2 EL Olivenöl
¾ TL getrockneter Oregano
½ TL getrocknete Minze
Salz, Pfeffer
25 g kalte Butter
2 EL Sumach

AUSSERDEM
12 Holzspieße

1 Das Fleisch trocken tupfen und ca. 2 cm groß würfeln. Für die Marinade den Knoblauch schälen und zum Joghurt pressen. Thymian waschen, trocken schütteln, Blättchen abzupfen und fein hacken. Mit Olivenöl unter die Joghurtmischung rühren. Mit Oregano, Minze, Salz und Pfeffer würzen. Das Fleisch mit der Marinade mischen und im Kühlschrank ca. 6 Std. (oder über Nacht) marinieren lassen, die Holzspieße gleichzeitig in Wasser einlegen.

2 Backofen auf ca. 240° vorheizen und Backofengrill zuschalten. Die Holzspieße abtropfen lassen und das Hähnchenfleisch dicht an dicht auf die Spieße stecken. Übrige Marinade darauf verteilen. Die Spieße auf einen Ofenrost legen, in den heißen Ofen (oben) schieben und ein Blech als Tropfschutz darunterschieben. Die Spieße ca. 15 Min. grillen, dabei ein- bis zweimal wenden und beim letzten Wenden mit Butterflöckchen belegen. Mit Sumach bestreuen und servieren. Alternativ im Sommer auf dem Grill zubereiten.

GU CLOU

»Etli Nohut« gehört zu den »su'lu«, den wässrigen Gerichten: Sie sind etwas dünnflüssiger als unsere Eintöpfe, stecken aber voller Aroma. Die typische Konsistenz entsteht durch langes, sanftes Garen und gelegentliches Nachgießen von etwas Wasser.

Für 4 Personen • 30 Min. Zubereitung • 3 Std. Garen • Pro Portion ca. 535 kcal, 33 g E, 30 g F, 29 g KH

ETLI NOHUT – KICHERERBSEN-RINDFLEISCH-TOPF

WINTER-REZEPT

500 g Rindfleisch (aus der Schulter)
2 Zwiebeln
2 Knoblauchzehen
5 grüne türkische Spitzpaprika (ersatzweise 2 grüne türkische Paprika)
5 EL Olivenöl
Salz, Pfeffer
1 ½ EL Tomatenmark
2 EL scharfes Paprikamark (Acı Biber Salçası; aus dem Glas)
250 g stückige Tomaten (Tetrapak)
½ TL gemahlener Kreuzkümmel
2 Dosen Kichererbsen (à 240 g Abtropfgewicht)

1 Das Fleisch trocken tupfen und in ca. 2 cm große Stücke schneiden. Zwiebeln und Knoblauch schälen und getrennt voneinander klein würfeln. Die Paprika waschen, halbieren, von weißen Trennwänden und Kernen befreien, dann quer in ca. 1 cm große Stücke schneiden.

2 Öl in einem Bräter erhitzen, das Fleisch darin bei großer Hitze rundum braun anbraten, salzen und pfeffern. Dann herausnehmen, Zwiebeln in den Bräter geben und bei kleiner Hitze langsam goldgelb dünsten, Knoblauch kurz mitdünsten. Tomaten- und Paprikamark einrühren und bei mittlerer Hitze kurz anrösten. Tomaten unterrühren und ca. 2 Min. mitgaren, dann alles mit 400 ml Wasser ablöschen.

3 Das Fleisch mitsamt dem ausgetretenen Bratensaft und den Paprikastücken unterrühren. Mit Salz, Pfeffer und Kreuzkümmel würzen und zugedeckt bei kleiner Hitze ca. 2 Std. 30 Min. schmoren lassen, dabei gelegentlich umrühren und bei Bedarf etwas Wasser nachgießen

4 Inzwischen die Kichererbsen in ein Sieb abgießen, kalt abbrausen und abtropfen lassen. Zum Fleisch geben und weitere 20–30 Min. bei kleiner Hitze zugedeckt schmoren lassen. Salzen, pfeffern und mit Fladenbrot oder Reis servieren.

Für 4 Personen • 30 Min. Zubereitung • 1 Std. 45 Min. Garen • Pro Portion ca. 650 kcal, 40 g E, 42 g F, 26 g KH

GÜVEÇ – LAMM-GEMÜSE-TOPF

FÜR GÄSTE

750 g Lammfleisch (aus der Keule)
2 Zwiebeln
3 Knoblauchzehen
5 Zweige Thymian
Olivenöl zum Braten
1 EL Tomatenmark
1 EL (mildes) Pul Biber
1 Dose Tomaten (400 g)
Salz, Pfeffer
4 festkochende Kartoffeln
2 rote Spitzpaprika
2 grüne türkische Spitzpaprika
3 dünne Auberginen

GUT ZU WISSEN
»Güveç« ist der Name für dieses Eintopfgericht – und gleichzeitig für den runden Tontopf mit Deckel, in dem es traditionell gegart wird. Ein je nach Gebrauchsanweisung ca. 20 Min. vorgewässerter Römertopf oder ein Bräter sind aber ein guter Ersatz dafür.

1 Fleisch trocken tupfen, von Sehnen und Fett befreien, dann ca. 2 cm groß würfeln. Zwiebeln und Knoblauch schälen und fein würfeln. Thymian waschen. Reichlich Öl in einem (gusseisernen) Topf erhitzen, Fleisch darin portionsweise kräftig anbraten. Herausnehmen, bei Bedarf etwas Öl nachgießen, Zwiebeln und Knoblauch goldgelb darin dünsten. Tomatenmark und Pul Biber unterrühren, kurz anrösten. Inzwischen Dosentomaten grob zerschneiden und samt Einlegeflüssigkeit mit Fleisch, 600 ml Wasser und Thymianzweigen in den Topf geben, salzen und pfeffern. Zugedeckt ca. 15 Min. bei mittlerer Hitze garen.

2 Inzwischen den Backofen auf 180° vorheizen. Die Kartoffeln schälen, abbrausen und in ca. 5 mm dicke Scheiben schneiden. Die Paprika waschen, halbieren, von weißen Trennwänden und Kernen befreien und in ca. 2,5 cm große Stücke schneiden. Die Auberginen waschen, putzen, längs halbieren und quer in ca. 1 cm dicke Scheiben schneiden.

3 Das Fleisch samt Thymian mit einem Schaumlöffel aus der Sauce heben. Die Hälfte davon in einen Römertopf oder einen Bräter geben. Darauf die Kartoffeln schichten, Paprika und Auberginen darauf verteilen, leicht salzen und pfeffern. Dann das übrige Fleisch und die Sauce daraufgeben. Alles nach unten in die Sauce drücken und so viel Wasser zugießen, dass alles bedeckt ist. Deckel auflegen und den Lamm-Gemüse-Topf im heißen Ofen (unten) ca. 1 Std. 30 Min. garen, dabei nach Bedarf etwas Wasser nachgießen. Mit Fladenbrot servieren.

Für 4 Personen • 40 Min. Zubereitung • 55 Min. Garen • Pro Portion ca. 595 kcal, 27 g E, 29 g F, 54 g KH

ETLI BIBER DOLMASI – GEFÜLLTE PAPRIKA

GUT VORZUBEREITEN

200 g Langkornreis
15 grüne türkische Paprika (Biber Dolmalık)
2 große Zwiebeln
1 großes Bund Petersilie
350 g Rinderhackfleisch
2 EL scharfes Paprikamark (Acı Biber Salçası; aus dem Glas)
2 EL Tomatenmark
1 kleine Dose passierte Tomaten (200 g)
6 EL Olivenöl
1 EL getrocknete Minze
Salz, Pfeffer
4 Tomaten

TIPP
Der Reis quillt beim Garen im Ofen auf und dehnt sich aus – daher nicht zu viel Füllung in die Paprika geben, sondern nur locker befüllen.

1 Den Reis in einer Schüssel mit kochendem Wasser übergießen und ca. 15 Min. ziehen lassen. Inzwischen die Paprika waschen, jeweils oben rings um den Stielansatz aufschneiden, Stielansatz und Trennwände vorsichtig entfernen, die Kerne herausspülen. Zwiebeln schälen und fein würfeln. Petersilie waschen, trocken schütteln und samt Stielen fein hacken.

2 Reis in ein Sieb abgießen, kalt abbrausen und abtropfen lassen. In einer Schüssel mit Hackfleisch, Zwiebeln, Petersilie, Paprikamark, 1 EL Tomatenmark, passierten Tomaten, 100 ml Wasser und 4 EL Öl vermengen. Mit fein zerriebener Minze, Salz und Pfeffer würzen.

3 Den Backofen auf 180° vorheizen. Die Hackfleischmischung locker in die Paprikaschoten füllen und die Schoten aufrecht mit der Öffnung nach oben in eine ofenfeste Form stellen. Übriges Tomatenmark (1 EL) und 350 ml Wasser verrühren und in die Form gießen. Tomaten waschen und quer in Scheiben schneiden, die Tomatenscheiben auf die Paprikaschoten legen, leicht salzen und pfeffern. Die Form mit Alufolie abdecken.

4 Die gefüllten Paprika im heißen Ofen (Mitte) ca. 40 Min. garen. Dann herausnehmen, mit Bratsud übergießen, mit dem übrigen Öl (2 EL) beträufeln und weitere 10–15 Min. offen im Ofen garen. Herausnehmen und kurz ruhen lassen. Mit Fladenbrot und Joghurt servieren.

Für 8 Stück • 1 Std. 15 Min. Zubereitung • 1 Std. Ruhen • 15 Min. Backen (pro Blech) • Pro Stück ca. 295 kcal, 12 g E, 15 g F, 28 g KH

LAHMACUN – HACKFLEISCHFLADEN

KLASSIKER

FÜR DEN TEIG

250 g Weizenmehl (Type 550)
Salz
½ Würfel frische Hefe (ca. 21 g)
1 TL Zucker
2 EL Olivenöl

FÜR DEN BELAG

1 Zwiebel
2 Knoblauchzehen
3 grüne türkische Paprika (Biber Dolmalık)
3 Tomaten
1 Bund Petersilie
4 EL Olivenöl
300 g Lammhackfleisch
1 EL Tomatenmark
2 EL scharfes Paprikamark (Acı Biber Salçası; aus dem Glas)
Salz, Pfeffer

AUSSERDEM

Mehl zum Arbeiten

TEIG: Mehl mit ½ TL Salz mischen. Hefe zerbröckeln, mit Zucker und 100 ml lauwarmem Wasser verrühren, ca. 10 Min. gehen lassen. Mit 75 ml lauwarmem Wasser zum Mehl geben. Mit den Knethaken des Handrührgeräts ca. 5 Min. auf kleiner, dann ca. 5 Min. auf höchster Stufe vermengen, dabei Öl und bei Bedarf ca. 25 ml Wasser zugeben, sodass ein glatter Teig entsteht. Zu einer Kugel formen, in einer bemehlten Schüssel mit einem Geschirrtuch abdecken und ca. 1 Std. gehen lassen.

BELAG: Inzwischen Zwiebel und Knoblauch schälen und fein würfeln. Paprika waschen, halbieren, von Trennwänden und Kernen befreien und ca. 5 mm groß würfeln. Tomaten waschen und auch ca. 5 mm groß würfeln, dabei Stielansätze entfernen und Saft auffangen. Petersilie waschen und trocken schütteln, Blättchen abzupfen und klein hacken. Öl in einer Pfanne erhitzen, Zwiebel und Knoblauch goldgelb darin andünsten. Tomaten-, Paprikamark und Petersilie unterrühren, abkühlen lassen. Gleichmäßig mit Hackfleisch, Paprika- und Tomatenwürfeln samt Tomatensaft vermengen, salzen und pfeffern.

FERTIGSTELLEN: Backofen auf 250° vorheizen. Den Teig durchkneten, in acht Portionen teilen, zu Kugeln formen und auf einer bemehlten Arbeitsfläche zu hauchdünnen Fladen ausrollen. Je zwei bis drei Fladen auf ein mit Backpapier ausgelegtes Blech legen. Die Hackfleischmischung gleichmäßig flach auf den Fladen verteilen, dabei ca. 1 cm Rand frei lassen. Die Bleche nacheinander in den heißen Ofen schieben und die Fladen in 12–15 Min. knusprig backen.

SÜSSES & GEBÄCK

GU
CLOU

Milchreis oder Pudding? Im Prinzip beides! Durch das lange Kochen wird der Reis sehr weich. Mit der Bindung durch die Stärke ergibt das eine eher flüssige, puddingartig glatte Konsistenz, die man bei Milchreis hierzulande nicht kennt.

Für 4 Personen • 15 Min. Zubereitung • 30 Min. Garen • 10 Min. Grillen • 2 Std. Kühlen • Pro Portion ca. 395 kcal, 6 g E, 14 g F, 62 g KH

FIRINDA SÜTLAÇ – MILCHREIS AUS DEM OFEN

FÜR KINDER

125 g Milchreis
½ Vanilleschote
400 ml Milch
1 ½ EL Speisestärke
100 g Zucker
Salz
3 Msp. gemahlener Kardamom (nach Belieben)
125 ml Sahne
½ TL Zimtpulver

AUSSERDEM

4 ofenfeste Förmchen (à ca. 200 ml Inhalt)

TIPP

Keine Zeit zum Überbacken? Der Milchreis schmeckt auch so, gekühlt und mit Zimtzucker bestreut oder mit frischen Früchten garniert.

1 Reis in einem Sieb mit kaltem Wasser abbrausen, bis das Wasser klarer wird, dann abtropfen lassen. Vanilleschote längs aufschneiden und das Mark mit einem Messer herauskratzen. Die Schote mit 200 ml Wasser in einem Topf aufkochen lassen. Den Reis zugeben, einmal aufkochen lassen und bei kleiner Hitze 10–15 Min. zugedeckt köcheln lassen, bis er fast weich ist, dann Vanilleschote entfernen. Inzwischen 150 ml Milch mit der Stärke glatt rühren. Das Vanillemark mit 70 g Zucker, 1 Prise Salz und nach Belieben mit Kardamom unterrühren.

2 Die Sahne und die übrige Milch (250 ml) zum Reis geben und unter Rühren zum Kochen bringen. Den Topf vom Herd nehmen und die Milch-Stärke-Mischung langsam unter ständigem Rühren dazugießen. Den Topf wieder auf den Herd stellen und den Milchreis bei kleiner Hitze offen 10–15 Min. cremig-dicklich einkochen lassen, dabei öfter umrühren.

3 Inzwischen den Backofen auf ca. 240° vorheizen und den Backofengrill zuschalten. Dabei ein tiefes Backblech ca. 2 cm hoch mit Wasser befüllen und im Ofen (Mitte) mit aufheizen lassen. Übrigen Zucker (30 g) mit Zimtpulver mischen.

4 Den Milchreis in 4 ofenfeste Förmchen füllen und mit dem Zimtzucker bestreuen. Vorsichtig in das heiße Wasserbad im Ofen stellen und 8–10 Min. grillen, bis er schön gebräunt ist. Danach abkühlen lassen und ca. 2 Std. oder über Nacht im Kühlschrank ruhen lassen.

Für 4 Personen • 25 Min. Zubereitung • 1 Std. 15 Min. Garen • Pro Portion ca. 450 kcal, 2 g E, 9 g F, 89 g KH

AYVA TATLISI – SIRUP-QUITTEN

HERBST-REZEPT

½ Vanilleschote
1 Zitrone
1 Zimtstange
4 Nelken
300 g Zucker
4 reife Quitten
100 g Kaymak (türkische Schichtsahne; ersatzweise Crème double)
2 EL gehackte Pistazien

1 Die Vanilleschote längs aufschneiden, das Mark herauskratzen. Die Zitrone auspressen, den Saft mit Schote und Mark, Zimtstange, Nelken, 250 g Zucker und 500 ml Wasser in einen Topf geben. Die Quitten schälen, putzen, längs halbieren, vom Kerngehäuse befreien und gleich in den Topf geben. Unter Rühren erhitzen und offen bei mittlerer Hitze ca. 15 Min. köcheln (die Quitten sollen dabei nicht weich werden). Inzwischen den Backofen auf 220° vorheizen.

2 Die Quitten dicht an dicht mit der ausgehöhlten Seite nach oben samt Gewürzen und der Hälfte des Würzsirups in eine ofenfeste Form geben. Mit dem übrigen Zucker (50 g) bestreuen. Im heißen Ofen (Mitte) in 45–60 Min. weich garen, dabei mehrfach mit dem übrigen Würzsirup beträufeln. Quitten in der Form auskühlen lassen, ZImtstange und Nelken entfernen. Die Quitten in Dessertschälchen geben und mit etwas Würzsirup übergießen. Jeweils etwas Kaymak in die Aushöhlungen geben und mit Pistazien bestreuen.

Für 4 Personen • 15 Min. Zubereitung • 3 Std. Kühlen • Pro Portion ca. 300 kcal, 9 g E, 17 g F, 28 g KH

KEŞKÜL – MANDEL-KOKOS-PUDDING

SCHNELL GEMACHT

500 ml Milch
1 Eigelb (L)
1 Pck. Vanillezucker
50 g Zucker
60 g gemahlene gehäutete Mandeln
20 g Kokosraspel
25 g Reismehl
1 geh. TL Speisestärke
3 EL Rosenwasser
Granatapfelkerne und gehackte Pistazienkerne zum Bestreuen (nach Belieben)

1 Von der Milch 5 EL abnehmen und mit dem Eigelb verquirlen. Die übrige Milch mit Vanillezucker, Zucker, Mandeln und Kokosraspel in einen Topf geben und unter Rühren zum Kochen bringen. Inzwischen Reismehl und Stärke mit 75 ml Wasser glatt rühren.

2 Die kochende Milchmischung vom Herd nehmen und die Stärkemischung unterrühren. Wieder auf den Herd stellen und ca. 2 Min. unter Rühren kochen, bis die Masse andickt. Vom Herd nehmen und die Eigelb-Milch-Mischung unter Rühren zugießen. Dann nochmals bei mittlerer Hitze 2–3 Min. unter Rühren köcheln lassen.

3 Rosenwasser unterrühren. Pudding auf Dessertschälchen verteilen und abkühlen lassen, dann ca. 3 Std. kühl stellen. Vor dem Servieren nach Belieben mit Granatapfelkernen und Pistazien bestreuen.

Für 8 Stücke • 25 Min. Zubereitung • 20 Min. Backen • Pro Stück ca. 440 kcal, 16 g E, 25 g F, 42 g KH

KÜNEFE – ENGELSHAARKUCHEN

KLASSIKER

FÜR DEN KUCHEN

350 g Kadayıf-Teig (frisch oder TK)
100 g Butter
250 g Dil Peyniri (türkischer Käse; ersatzweise Mozzarella)
60 g gehackte Pistazienkerne

FÜR DEN SIRUP

1 Bio-Zitrone
150 g Zucker

AUSSERDEM

Tarteform (ca. 26 cm ∅)

GU CLOU

Dil Peyniri ähnelt Mozzarella: Auch er schmilzt fädenziehend und hält so den Teig gut zusammen. Neutral und sahnig im Aroma, erinnert er nicht an Käse – perfekt für dieses Dessert. Da Mozzarella etwas salziger ist, kann man ihn vorab ca. 20 Min. wässern.

TEIG: Tiefgefrorenen Kadayıf-Teig in ca. 2 Std. auftauen und währenddessen vorsichtig mit den Händen »entwirren«, damit er nicht zusammenklebt. Frischen Kadayıf-Teig etwas auseinanderfalten und ca. 30 Min. flach zwischen zwei feuchte, saubere Geschirrtücher legen, damit er formbarer wird.

SIRUP: Inzwischen die Zitrone heiß waschen und trocken tupfen. Mit einem Sparschäler einen langen Streifen Schale abziehen, die Zitrone auspressen. Schalenstreifen und Saft mit Zucker und 150 ml Wasser in einem Topf unter Rühren aufkochen. Bei mittlerer Hitze offen in 8–10 Min. zu einem dünnen Sirup einkochen. Abkühlen lassen, Zitronenschale entfernen.

KUCHEN: Backofen auf 200° vorheizen. Die Butter schmelzen. Die Tarteform großzügig mit einem Teil der Butter auspinseln. Den Käse kalt abbrausen, trocken tupfen und klein würfeln oder in dünne Scheiben schneiden. Den Teig mit einer sauberen Schere in 2–3 cm lange Stücke schneiden. Die Hälfte des Teigs in die Form geben und glatt drücken, mit der Hälfte der übrigen Butter bepinseln. Den Käse darauf verteilen. Den restlichen Teig darübergeben, leicht andrücken und mit der restlichen Butter bepinseln. Im heißen Ofen (Mitte) in ca. 20 Min. goldbraun knusprig backen.

FERTIGSTELLEN: Den Kuchen aus dem Ofen nehmen und sofort gleichmäßig mit dem Sirup übergießen. Mit den Pistazien bestreuen und heiß servieren.

Für 12 Stücke • 30 Min. Zubereitung • 35 Min. Backen • 3 Std. Kühlen • Pro Stück ca. 415 kcal, 7 g E, 14 g F, 65 g KH

REVANI – SAFTIGER GRIESSKUCHEN

EINFACH

FÜR DEN SIRUP

½ Bio-Zitrone
350 g Zucker
1 Stange Zimt

FÜR DEN KUCHEN

120 g Butter
4 Eier (M)
125 g Zucker
Salz
125 g türkischer Joghurt (ersatzweise griechischer Joghurt; 10 % Fett)
1 Bio-Zitrone
300 g Hartweizengrieß
100 g Weizenmehl
1 Pck. Backpulver
3 EL Kokosraspel

AUSSERDEM

1 Springform (ca. 26 cm ∅)

SIRUP: Zitrone heiß waschen und trocken tupfen, Schale abreiben und Saft auspressen. Zucker mit 400 ml Wasser, Zitronenabrieb und Zimtstange in einem Topf erhitzen. Bei großer Hitze unter Rühren kochen, bis sich der Zucker ganz aufgelöst hat. Alles ca. 5 Min. bei mittlerer Hitze offen zu einem dünnflüssigen Sirup einkochen. Vom Herd nehmen, Zitronensaft unterrühren und abkühlen lassen. Zimtstange entfernen.

KUCHEN: Inzwischen den Backofen auf 175° vorheizen. Die Butter schmelzen, die Springform mit etwas Butter auspinseln. Die Eier mit den Rührbesen des Handrührgeräts schaumig rühren, dabei nach und nach den Zucker und 1 Prise Salz untermengen. Dann den Joghurt und anschließend die übrige geschmolzene Butter gründlich unterrühren. Zitrone heiß waschen, trocken tupfen und die Schale abreiben. Mit Grieß, Mehl und Backpulver mischen und zügig mit einem Löffel unter die Eiermischung rühren. Den Teig in die Form füllen und glatt streichen. Den Kuchen im heißen Ofen (Mitte) in 30–35 Min. goldgelb backen (Stäbchenprobe).

FERTIGSTELLEN: Kuchen aus dem Ofen nehmen und sofort löffelweise mit dem Sirup übergießen. Dabei immer wieder kurz warten, bis der Sirup eingezogen ist. Den Grießkuchen mit Kokosraspel bestreuen. Vollständig abkühlen lassen und möglichst ca. 3 Std. im Kühlschrank durchziehen lassen. Vor dem Servieren in kleine Quadrate oder Rauten schneiden.

REGISTER

Vegetarische Rezepte, die im Buch mit einem 🌿 gekennzeichnet sind, sind hier grün abgesetzt.

Abkürzungsverzeichnis:
E = Eiweiß
EL = Esslöffel (gestrichen)
F = Fett
kcal = Kilokalorien
KH = Kohlenhydrate
Msp. = Messerspitze
Pck. = Päckchen
TK = Tiefkühl
TL = Teelöffel (gestrichen)
Ø = Durchmesser

GU ist eine eingetragene Marke der GRÄFE UND UNZER VERLAG GmbH, www.gu.de

ISBN 978-3-8338-7812-1
3. Auflage 2021

Projektleitung: Linh Nguyen
Lektorat: Julia Genazino
Korrektorat: Waltraud Schmidt, Zehra Özpolat
Innen- und Umschlaggestaltung: independent Medien-Design, Horst Moser, München
Herstellung: Renate Hutt
Satz: Kösel, Krugzell
Reproduktion: Medienprinzen GmbH, München
Druck und Bindung: Firmengruppe APPL, aprinta druck, Wemding

Printed in Germany

www.facebook.com/gu.verlag

Ein Unternehmen der
GANSKE VERLAGSGRUPPE

Umwelthinweis:
Dieses Buch ist auf PEFC-zertifiziertem Papier aus nachhaltiger Waldwirtschaft gedruckt.
Syndication: www.seasons.agency

DIE AUTORIN

Tanja Dusy ist freie Foodjournalistin in München. Sie orientiert sich bei ihrer Arbeit am Puls der Zeit und ist ein echter Profi beim Thema Ernährungstrends. Ihre Rezepte überzeugen durch Kreativität und Verlässlichkeit. Von ihr sind bei GU bereits zahlreiche erfolgreiche Kochbücher erschienen.

DIE FOTOGRAFIN

Julia Hoersch ist eine vielfach ausgezeichnete Fotografin aus Hamburg. Zusammen mit Petra Speckmann (Foodstyling) und Meike Graf (Requisite) setzte sie die türkischen Köstlichkeiten stilvoll in Szene.

BILDNACHWEIS

Julia Hoersch: S. 06–59 und Stepfotos auf den Klappen
Coco Lang: S. 01, S. 05 und Stillleben auf den Klappen (Foodstyling: Michael Menzel)
Autorenfoto: Michael Kremer Fotodesign
Coverfoto: Kathrin Koschitzki

QUALITÄTS G|U GARANTIE

LIEBE LESERINNEN UND LESER,

wir wollen Ihnen mit diesem Buch Informationen und Anregungen geben, um Ihnen das Leben zu erleichtern oder Sie zu inspirieren, Neues auszuprobieren. Wir achten bei der Erstellung unserer Bücher auf Aktualität und stellen höchste Ansprüche an Inhalt und Gestaltung. Alle Anleitungen und Rezepte werden von unseren Autoren, jeweils Experten auf ihren Gebieten, gewissenhaft erstellt und von unseren Redakteur*innen mit größter Sorgfalt ausgewählt und geprüft.

Haben wir Ihre Erwartungen erfüllt? Sind Sie mit diesem Buch und seinen Inhalten zufrieden? Wir freuen uns auf Ihre Rückmeldung. Und wir freuen uns, wenn Sie diesen Titel weiterempfehlen, in Ihrem Freundeskreis oder bei Ihrem Online-Kauf.

Sollten wir Ihre Erwartungen so gar nicht erfüllt haben, tauschen wir Ihnen Ihr Buch jederzeit gegen ein gleichwertiges zum gleichen oder ähnlichen Thema um.

KONTAKT ZUM LESERSERVICE

GRÄFE UND UNZER VERLAG
Grillparzerstraße 12
81675 München
www.gu.de

APPETIT AUF MEHR?

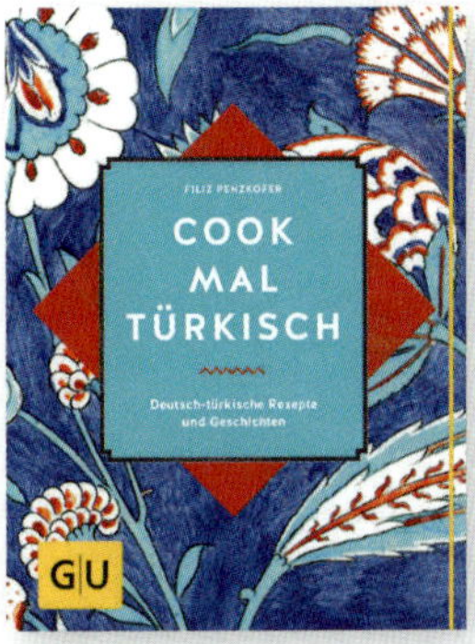

ISBN 978-3-8338-4469-0

ISBN 978-3-8338-7555-7

ISBN 978-3-8338-7584-7

ISBN 978-3-8338-7082-8

ISBN 978-3-8338-7572-4

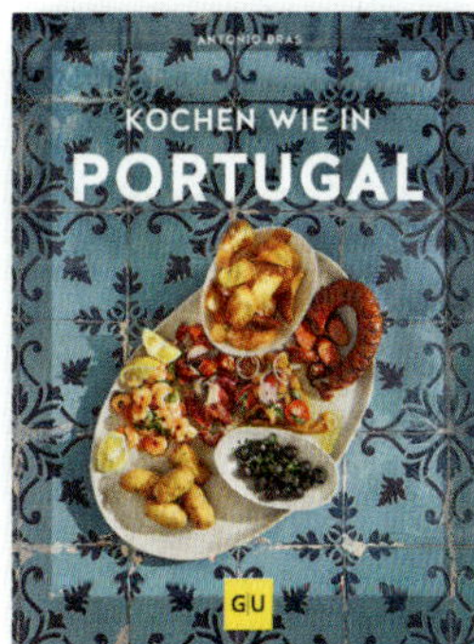

ISBN 978-3-8338-7597-7

Alle hier vorgestellten Bücher sind auch als eBook erhältlich.

GU

Mehr von GU auf **www.gu.de** und **facebook.com/gu.verlag**

DIE »GU KOCHEN PLUS«-APP

1 APP HERUNTERLADEN

Laden Sie die kostenlose »GU Kochen Plus«-App im Apple App Store oder im Google Play Store auf Ihr Smartphone. Starten Sie die App und wählen Sie Ihren Küchenratgeber aus.

2 REZEPTBILD SCANNEN

Scannen Sie das gewünschte Rezeptbild mit der Kamera Ihres Smartphones. Klicken Sie im Display die Funktion Ihrer Wahl.

3 FUNKTIONEN NUTZEN

Sammeln Sie Ihre Lieblingsrezepte. Speichern und verschicken Sie Ihre Einkaufslisten. Oder nutzen Sie den praktischen Supermarkt-Finder und den Rezept-Planer.